AF313922

9 mai 1898

Collection de M. V..., de Chambéry

OBJETS DE CURIOSITÉ

DE L'ÉPOQUE GALLO-ROMAINE

Et des XIIIe, XIVe, XVe, XVIe, XVIIe et XVIIIe siècles

FAIENCES ET PORCELAINES

OBJETS DE VITRINE, MINIATURES, BIJOUX, ÉMAUX, IVOIRES

Environ 3,500 Monnaies or, argent et cuivre de toutes époques

TABLEAUX, CADRES EN BOIS SCULPTÉ

Environ 4,000 Gravures, Eaux-Fortes et Dessins d'époques diverses

MISSELS AVEC MINIATURES SUR PARCHEMIN DU XVIe SIÈCLE

LIVRES, AUTOGRAPHES

Meubles et Statues en bois sculpté des XVe, XVIe et XVIIe siècles

ARMES ET FERS DE DIVERSES ÉPOQUES

Bronzes des XIIIe, XVIe, XVIIe et XVIIIe siècles

MARBRES ET PIERRES SCULPTÉS DES XVe, XVIe ET XVIIe SIÈCLES

DONT LA VENTE AURA LIEU

HOTEL DROUOT, SALLE N° 1

Du Lundi 9 au Samedi 14 Mai 1898

A UNE HEURE ET DEMIE PRÉCISE

Me G. DUCHESNE	M. LEDOUX
COMMISSAIRE-PRISEUR	EXPERT
6, rue de Hanovre, 6	18, rue Saint-Lazare, 18

EXPOSITION PUBLIQUE

Le Dimanche 8 Mai 1898, de 2 heures à 5 heures 1/2

i.C.412

CONDITIONS DE LA VENTE

———

Elle sera faite au comptant.

Les Acquéreurs paieront CINQ CENTIMES PAR FRANC applicables aux frais.

L'Exposition mettant le public à même de se rendre compte de l'état et de la nature des Objets, il ne sera reçu aucune réclamation une fois l'adjudication prononcée.

NOTA. — La Vente commencera par les Livres

MAULDE, DOUMENC et Cⁱᵉ, imp. de la Cⁱᵉ des Commissaires-Priseurs, rue de Rivoli, 144   5oo—73767

9 Mai 189?

DÉSIGNATION

FAÏENCES & PORCELAINES

1 — Beau Plat faïence d'Alcora.

2 — Beau Plat faïence de Desvres (fracture).

3 — Beau Plat faïence de Varages.

4 — Quatre Assiettes faïence italienne.

5 — Plat porcelaine de Chine, famille verte.

6 — Deux Gourdes faïence de Nevers.

7 — Trois Jardinières faïences diverses.

8 — Plat Bernard Pallisy, Baptême du Christ.

9 — Écuelle faïence de Nevers, 1757.

10 — Gargoulette et deux Cornets faïenne italienne.

11 — Deux Gourdes faïence de Nevers, décor polychrome.

12 — Gourde faïence de Nevers (inscription Bourgeois).

13 — Vase deux anses, d'Apt.

14 — Deux Pots terre vernissée, xviie siècle.

15 — Douze Couteaux manche porcelaine de Saint-Cloud.

16 — Cornet hispano, reflet métallique.

17 — Deux Gourdes personnages, faïence de Nevers.

18 — Plat Moustier, décor Bérain.

19 — Bénitier, faïence italienne.

20-29 Environ cinq cents Pièces, faïences de Nevers, Moustiers, Varages, Auxerre, Delft, italiennes, etc.

30 — Groupe biscuit.

OBJETS DE VITRINE

MINIATURES, IVOIRES, MONTRES, BIJOUX, ÉMAUX, ETC.

31 — Échiquier ivoire, xviie siècle.

32 — Baiser de paix ivoire, xve siècle.

33 — Tabatière ivoire, xviiie siècle.

34 — Statuette ivoire tenant un enfant, xvie siècle.

35 — Statuette buis, Vierge, xviie siècle.

36 — Statuette ivoire, saint Dominique, xviie siècle.

37 — Étui ivoire, xviiie siècle.

38 — Plaque ivoire gravée, xviie siècle.

39 — Trois Têtes ivoire.

40 — Deux Statuettes ivoire, xviie siècle.

41 — Groupe ivoire, la Vierge et l'Enfant, xviie siècle.

42 — Plaquette cristal, xviie siècle.

43 — Presse-Papier jade.

44 — Miniature Madeleine, xviie siècle.

45 — Miniature Femme orientale, xviiie siècle.

46 — Miniature Évêque, boîte, xviiie siècle.

47 — Miniature Homme, étui galuchat.

48 — Miniature Évêque, cadre doré sculpté.

49 — Miniature Homme, cadre doré sculpté.

50 — Boîte vernis Martin.

51 — Boîte militaire.

52 — Émail, Jeune Femme à la Colombe, xviiie siècle.

53 — Émail, Saint François, xviie siècle.

54 — Émail, Fond de montre, xviiie siècle.

55 — Émail, Portrait de jeune femme, cadre argent, xviie siècle.

56 — Émail, Fond de montre.

57 — Émail, Saint Eutrope, xviie siècle.

58 — Émail Saint-Jérôme, xvie siècle.

59 — Miniature deux cœurs, xviie siècle. Cadre sculpté.

60 — Miniature montre deux personnages, entourage de jargons.

61 — Miniature cadre, xviie siècle.

62-64 — Trois Miniatures fonds de montre, xviiie siècle.

65 — Fond de montre vernis Martin Louis XIV.

66 — Montre fond émail, entourage jargon.

67 — Montre fond émail.

68 — Montre fond émail, xviiie siècle.

69 — Trois Boîtiers-Montre fond émail, mauvais état.

70 — Montre Louis XVI, cadran décoré.

71-72 — Deux Montres Empire, deux personnages.

73-74 — Deux Montres argent, cadran révolutionnaire.

75 — Quatre Montres argent, Empire.

76 — Trois Montres cuivre, Louis XVI.

77 — Montre cuivre, Louis XVI, jargons et pierres de couleurs.

78 — Deux Cadrans de montre décorés.

79 — Six Boîtiers de montres, époque Louis XVI.

80 — Coulant de col avec strass.

81 — Deux Montres cuivre repoussé, époque Louis XIV.

82 — Quatre Montres cuivre gravé, époque Louis XIII.

83 — Deux Montres argent repoussé, personnages Louis XIV.

84 — Une Châtelaine Louis XIV.

85 — Deux Tasses à vin en argent.

86 — Une Boîte argent Louis XV.

87-88 — Quatre Croix, xviie siècle.

89 — Dix Croix argent, xviie siècle.

90 — Cinq Croix argent fin, xvie siècle.

91-92 — Vingt Croix argent, xviie siècle.

93 — Cinq Croix argent doré.

94 — Lot de Cachets gravés argent et autres.

95 — Un lot de Bagues en argent.

96 — Une grosse Montre en cuivre.

97 — Deux Christ en ivoire, époque Louis XIV.

98 — Une Vierge albâtre, xviie siècle.

99 — Deux Salières émail Saxe, xviiie siècle.

100 — Une Bonbonnière écaille blason, époque Louis XIV.

101 — Cinq Cuillers et Fourchettes, diverses époques.

102 — Dix jeux de Tarots, diverses époques.

103 — Sept Boutons de nacre et cailloux du Rhin.

104 — Camée dur, portrait de César.

105 — Neuf Camées coquille.

106 — Deux petits Camées durs.

107 — Environ cent cinquante Cornalines et autres pierres gravées.

108 — Huit Clefs de montre, Directoire.

109-110 — Deux Couvertures de livre très fines, époque Louis XIV.

111 — Couverture de livre maroquin aux petits fers, chiffre.

112 — Almanach 1756, maroquin rouge, petits fers.

113 — Livre velours, almanach de la Cour 1838.

114 — Agrafe de manteau en argent.

115 — Boîte Louis XVI, pomponne.

116 — Superbe Clef.

117 — Deux Flambeaux argent, xviiie siècle.

117 *bis* — Deux Bagues or et une Croix anciennes.

MISSELS

118 — Missel, xvie siècle, incomplet, neuf grandes miniatures, marli aux pages.

119 — Missel, xvie siècle, majuscules dorées et en couleurs, incomplet.

120 — Missel, xvie siècle, neuf grandes miniatures pleines pages, environ quarante-huit petites, lettres majuscules rehaussées d'or en couleurs, la reliure en veau, gauffrée avec macarons et ornements, xvie siècle.

121 — Missel, fin xve siècle, sept grandes miniatures pleines pages, lettres majuscules en couleurs et rehaussées d'or, plusieurs marlis sont

richements ornés, la couverture en maroquin rouge aux petits fers, est de l'époque de Louis XIV.

122 — Miniature sur parchemin, fin xviᵉ siècle, encadrée, lettres majuscules même époque.

123 — Miniature de Missel, lettres majuscules même époque.

124 — Miniature de Missel, xviᵉ siècle, encadrée lettres majuscules, même époque.

125 — Miniature de Missel, xviᵉ siècle, cadre bois sculpté doré.

126 — Grandes feuilles de plain-chant, xviᵉ siècle, miniature au haut, marlis ornés de fleurs.

126 *bis* — Miniature ornée de fleurs.

127 — Miniature, xviᵉ siècle, lettres majuscules, cadre bois sculpté.

128 — Miniature de Missel dans un cadre en verroterie italienne.

129 — Miniature, cadre bois sculpté formant bénitier, xviiᵉ siècle.

130 — Agneau pascal, parchemin repoussé, armes papales.

BRONZES ET OBJETS RELIGIEUX

131 — Douze Flambeaux, xviᵉ siècle.

132 — Deux Flambeaux triangulaires, xviᵉ siècle.

133 — Douze Flambeaux, diverses époques.

134-142 — Neuf Croix processionnelles, xvie siècle.

143 — Grande Croix de Tabernacle, xviie siècle.

144-145 — Deux Suspensions cuivre repoussé.

146 — Petite Pendule Empire.

147 — Pendule Louis XVI, marbre et bronze.

148 — Une paire Chenets Louis XIII.

149 — Une paire Chenets, époque Louis XIII, à boules.

150 — Une paire Chenets, époque Louis XIV.

151 — Deux bouts de Table, personnages, deux lumières.

152 — Un petit Lustre, xvie siècle.

153 — Monstrance reliquaire, xviie siècle.

154-159 — Neuf Mortiers, xvie siècle.

160-162 — Trois Croix, xvie siècle, cabochons.

163 — Horloge gravée, xvie siècle.

164 — Calice avec émaux, xvie siècle.

165-167 — Six pieds de Calice, xvie siècle.

168-169 — Quatre pieds de Calice, xviie siècle.

170 — Deux Encensoirs, xvie siècle.

171-173 — Huit Encensoirs, xviie siècle.

174 — Pendule, xviie siècle.

175 — Série de Poids, xviie siècle.

176 — Plat ovale, xviie siècle.

177-181 — Cinq Plats Italiens, xvie siècle.

182 — Deux Sabliers, xviie siècle.

183-184 — Quatre Navettes, xviie siècle.

185 — Trois Boîtes hollandaises gravées, xviie siècle.

186 — Quatre Porte-lampes, xviie siècle.

187 — Christ, xiiie siècle, champlevé.

188 — Christ, xiiie siècle, sur sa croix.

189 — Navette, xiiie siècle, champlevé.

190 — Trois paires Manchettes, xviiie siècle.

191 — Une Plaque bronze doré, Louis XV.

192 — Bas-relief doré dans un cadre ajouré, xviie siècle.

193 — Canon de pistolet doré, xviie siècle.

194 — Un lot Marmites et Vases, diverses époques, vingt pièces environ.

195 — Petit Lustre, xviie siècle, sept lumières, partie cristaux de roche.

196 — Lustre verre de Venise, douze lumières.

197 — Lustre verre de Venise, neuf lumières, incomplet.

COFFRETS DIVERS

198 — Bois sculpté, xve siècle.

199 — Bois sculpté, style xve siècle.

200 — Bois sculpté, xve siècle.

201 — Bois sculpté, xviie siècle, garni cuivre.

202 — Bois sculpté, xviie siècle, à personnages.

203 — Bois sculpté oblong, xve siècle, garni fer.

204 — Bois sculpté, tronc en fer, xve siècle.

205 — Bois sculpté, xviiie siècle.

206 — Bois sculpté, xvie siècle.

207 — Bois sculpté, sujet personnages, xviie siècle.

208 — Bois sculpté, xvie siècle.

209 — En fer, Allemagne, xviie siècle.

210 — En fer, xve siècle.

211 — Cuir, petits fers, xviiie siècle.

212 — Bronze, style xiiie siècle.

213 — Cuir petits fers, xviiie siècle.

214 — Cuir garni fer, xve siècle.

215 — Bois, cuivres repoussés, xviie siècle.

216 — Fer ajouré, xve siècle.

217 — Cuir, garni de fer, xviie siècle.

218 — Petit Coffre, xve siècle.

ÉTAINS

219 — Deux Casques aiguières, Louis XIV.

220 — Aiguière et son plateau, fin du xvie siècle.

221 — Soupière, fin du xvie siècle.

222 — Treize Pichets, fin du xvi⁰ siècle.

223 — Dix Plats ovales à contours, Louis XV.

224 — Quatorze Plats ronds à contours, Louis XV,

225 — Soixante Assiettes environ, à contours, Louis XV.

226 — Vingt Pièces environ, diverses.

227 — Quatre Plats, xviiᵉ siècle.

228 — Deux Motifs, Vierge à la Chaise, xviiᵉ siècle.

229 — Superbe Mascaron de fontaine, Louis XIV.

PIERRES ET MARBRES

230 — Marbre, Personnage nu accroupi.

231 — Deux fragments de Colonne, xiiiᵉ et xvᵉ siècles.

232 — Plaque de Tombeau, armoiries diverses, 1587.

233 — Armoiries, Dragon ailé, xviᵉ siècle.

234 — Vierge et Enfant Jésus, marbre, xviᵉ siècle.

235 — Armoiries, marbre, xviᵉ siècle.

236 — Armoiries, marbre, 1761.

237 — Pierre armoiriée, très belle, xvᵉ siècle.

238 — Pierre armoiriée, fine, très belle, xviᵉ siècle.

239 — Christ au tombeau, relief marbre, xvᵉ siècle.

240 — Plaque d'Armoiries, dix-sept Blasons, marbre, xviᵉ siècle.

241 — Évêque, marbre.

242 — Ange tenant une banderolle, marbre, xv^e
siècle.

243 — Annonciation, marbre fin, xve siècle.

244 — Saint Michel, fragment, marbre, xvie siècle.

245 — Support, marbre, xve siècle.

246 — Chapiteau, marbre, xiiie siècle.

247 — Beau fragment, Personnage, xve siècle.

248 — Vingt Morceaux environ, différentes époques.

249 — Pape, marbre, xive siècle.

250 — Bas-relief, marbre xve siècle.

251 — Superbe Blason, marbre, xvie siècle.

252 — Blason Évêque, marbre, xvie siècle.

253 — Agneau pascal, relief, marbre, xve siècle.

254 — Blason, Lion héraldique, marbre, xvi^e
siècle.

FER

255 — Belle Grille en fer forgé, xvie siècle.

256 — Deux Chenets en fonte, xvie siècle.

257 — Un lot considérable de Serrures et Fers
de toutes époques.

ARMES

258 — Panoplies d'armes et objets indiens.

259 — Cuirasse, Casque et fragment Épaulière,
xviie siècle.

260 — Cuirasse et Gorgerin, xviie siècle.

261 — Huit Hallebardes, xviie siècle.

262 — Cinq Espontons, xviie siècle.

263 — Esponton gravé, en partie doré, xviie siècle.

264 — Six Casques, Salades et autres, gravures
diverses, xviie siècle.

265 — Deux Fauchards.

266 — Lot de Sabres divers.

267 — Quinze Épées et Poignards.

268 — Lot de Pistolets Louis XIV.

269 — Six Poires à poudre, corne et ivoire.

270 — Rapière, xvie siècle.

BOIS SCULPTÉS

271 — Sainte Femme, xvie siècle.

272 — Groupe : la Vierge, sainte Anne, Enfant
Jésus, xve siècle.

273 — La Vierge et sainte Anne, bas-relief, xv^e
siècle.

274 — Support : trois anges, xviie siècle.

275 — Coffret garni en fer, xve siècle.

276 — Vierge et Enfant Jésus polychromés, xvi^e
siècle.

277 — Sainte Femme, le pied sur un personnage, xvi° siècle.

278 — Saint Michel terrassant le démon, bois doré, xvi° siècle.

279 — Pendule religieuse, xvii° siècle.

280 — Pendule religieuse, xvii° siècle.

281 — Statuette tenant une amphore, xviii° siècle.

282 — Sainte Femme tenant une épée, personnage renversé, xvi° siècle.

283 — Groupe : sainte Anne, la Vierge et Enfant Jésus, xvi° siècle.

284 — Archange formant flambeau, xvii° siècle.

285 — Christ dans une niche en bois doré.

286 — Sainte Barbara, xvi° siècle.

287 — Vierge et Enfant, fin xv° siècle.

288 — Deux Archanges portant flambeau, bois doré, xvii° siècle.

289 — Groupe : sainte Anne, la Vierge et Enfant Jésus, xvii° siècle.

290 — Sainte Femme, les mains jointes, polychromée, xvi° siècle.

291 — *Mater dolorosa*, xv° siècle.

292 — Statuette de pèlerin, xvi° siècle.

293 — Saint Jean, xvi° siècle.

294 — Vierge et l'Enfant, xiv° siècle.

295 — Vierge et l'Enfant, xvi° siècle.

296 — Socle doré, xvii° siècle.

297 — Deux Personnages formant flambeaux, xvii^e
siècle.

298 — Personnage d'applique, xvie siècle.

299 — Vierge et Enfant Jésus, bas-relief dans son
cadre, xvie siècle.

300 — Blason d'évêque, Armoiries, xviie siècle.

301 — Deux Personnages en extase, sainte Femme
faisant pendant, xvie siècle.

302 — Deux Vielles, xviiie siècle.

303 — Guitare, xviiie siècle.

304 — Personnage ailé, xviie siècle.

305 — Moine en lecture, socle attenant, fin xv^e
siècle.

306 — Support bois doré, xviie siècle.

307 — Diptyque avec peinture, xvie siècle.

308 — Tête du Rédempteur, haut-relief dans son
cadre, xviie siècle.

309 — Le Baptême du Christ, bas-relief dans son
cadre, xviie siècle.

310 — Sainte Femme polychromée, dorée, fin xv^e
siècle.

311 — Le Christ au jardin des Oliviers, bas-
relief.

312 — Saint terrassant le démon, xvie siècle.

313 — Quatre Panneaux, une Frise, xve siècle.

314 — La Vierge et sainte Anne, haut-relief, xvi^e
siècle.

315 — Montant de meuble, Personnages, xvie siècle.

316 — Porte et Panneaux, xvie siècle.

317 — Personnages mains jointes, xvie siècle.

318 -- Pendule marqueterie étain et cuivre, Louis XIV.

319 — Grand Panneau breton, xvie siècle.

320 — Statue Vierge et Enfant Jésus, xviie siècle.

321 — Glace bois doré Louis XIV.

322 — Moine, xviie siècle.

323 — Sainte Femme, xvie siècle.

324 — Saint Sébastien, xviie siècle.

325 — Cadre de glace Louis XIV, bois doré.

326-330 — Environ cinquante Personnages bois sculpté, fin xvie siècle.

331-335 — Environ cinquante Personnages, bois sculpté, xviie siècle.

336 — Une Statuette Femme, époque Louis XV.

337 — Un Christ, époque Louis XIV.

MONNAIES

(ENVIRON TROIS MILLE).

Or.

338 — Deux Pièces mérovingiennes en or.

339 — Quatre Pièces florins en or.

340 — Deux Pièces Louis XIV en or.

341 — Sept Pièces diverses en or.

Argent.

342-345 — Vingt-cinq Pièces écus variés en argent.

346-347 — Quatorze Pièces de cinq francs variées en argent.

348-352 — Trente-sept Pièces, demi écus, variés, en argent.

353-355 — Trente-deux Pièces variées en argent.

356-358 — Vingt-neuf Pièces moyennes en argent.

359-363 — Cent Pièces petites en argent, baronniales et autres.

364-375 — Cent-vingt Pièces empereurs romains et consulaires.

376 — Cent Pièces environ de toutes provenances.

Cuivre.

377 — Mille cinq cents Pièces environ bronze, moyen bronze et petit bronze, empereurs romains et consulaires.

378 — Trent-six Pièces bronze romaines.

379 — Soixante Pièces bronze moyennes.

380 — Deux cents Pièces bronze diverses.

381 — Quarante Pièces jetons cuivre.

MÉDAILLES COMMÉMORATIVES

Cuivre et fac-similés.

382-384 — Quatre-vingt-trois, grand module.

385 — Vingt, moyen module.

386 — Cinq, grand module, dont deux dorées.

387 — Environ quatre-vingts sceaux de toutes époques.

MÉDAILLES RELIGIEUSES

DIVERSES ÉPOQUES.

388-389 — Trente-cinq ovales et autres.

390 — Dix Médaillons divers en métal.

391 — Dix Demi-Médaillons divers en métal.

392-398 — Quarante-deux Médailles diverses.

399-400 — Vingt Médailles diverses plus petites. ·

401 — Une Statuette Hercule.

OBJETS GALLO-ROMAINS

402 — Cent Bracelets environ, bronze.

403 — Deux Fragments de lame d'épée, bronze

404 — Gros Bracelet en bronze.

405 — Superbe Miroir en bronze, personnages gravés, parfait état.

406 — Un Collier en bronze.

407 — Haches diverses.

408 — Très belle Fibule.

409 — Scarabées diverses.

410 — Neuf Statuettes gallo-romaines et égyptiennes.

411 — Quantité de Fragments divers.

MEUBLES EN BOIS SCULPTÉ

412 — Crédence, xv° siècle.

413 — Fauteuil, style xv° siècle.

414 — Table torse, xvii° siècle, réparée.

415 — Crédence, xv° siècle, réparée.

416 — Cabinet, xvii° siècle, garni cuivre.

417 — Table à jeu, xviii° siècle.

418 — Coffre à bois, xvi° siècle.

419 — Tabernacle, xvii° siècle.

420 — Table tournée, xvii° siècle.

421 — Table à gaine, xvii° siècle.

422 — Petit Bahut, xvi° siècle.

423 — Table tournée, xvii° siècle.

424 — Chaise, xvie siècle, réparée.

425 — Dessus de Bahut cariatide, xvie siècle.

426 — Coffret breton, xviie siècle.

427 — Table tournée, xviie siècle.

428 — Meuble à quatre portes, xviie siècle, réparé.

429 — Coffre à serviettes, fin xve siècle.

430 — Table Louis XIV.

431 — Table Louis XIII, marqueterie.

432 — Petit Bahut breton, xviie siècle.

433 — Guéridon torse, xviie siècle.

434 — Bahut deux corps, xvie siècle.

435 — Porte-Cartons, xviiie siècle.

436 — Pierre gothique.

437 — Panneau breton.

438 — Petit Cabinet ivoire gravé, xviie siècle, et son pied.

TAPISSERIES

439 — Grande Tapisserie Flandres, sujet chasse, xvie siècle, bordure.

440 — Tapisserie, même époque, incomplète.

441 — Grande Tapisserie fine, xviie siècle, grands personnages, bordure.

442 — Écran, tapisserie entièrement au petit point, xviie siècle.

443 — Deux Tableaux brodés, xviie siècle.

444 — Un Tableau, Vierge, xviie siècle.

445 — Reliquaire, Agneau pascal, xviie siècle.

446 — Cinq morceaux dalmatiques, xvie siècle.

447 — Broderie blason, trois personnages.

448 — Broderie blason, un personnage.

449 — Environ 2^m, Frange italienne, xvie siècle.

450 — Panneau brodé, saint Michel.

451 — Fragment Tapisserie, xvie siècle.

452 — Étendard brodé, armes de Saint-Jean-de-Maurienne.

453 — Un lot important Chaussures de toutes époques.

454 — Quinze Panneaux en cuir de Cordoue, xvie et xviie siècles.

TABLEAUX

455 — Deux Tableaux : Fruits et Fleurs, xviie siècle.

456 — Un petit Tableau : La Confession.

457 — Tableau : Fleurs, xviie siècle.

458 — Assomption, cadre sculpté.

459 — Christ à table.

460 — Grand Tableau : Fruits. École italienne.

461 — Saint Jérôme, cadre sculpté.

462 — Christ et sainte Femme, diptyque, bois sculpté.

463 — Jésus et saint Jean, cadre bois sculpté ajouré.

464 — Judith, cadre bois sculpté doré.

465 — La Vierge aux Enfants, cadre bois sculpté, ajouré et doré, xviiᵉ siècle.

466 — Saint Bruno, cadre bois sculpté, Louis XIV.

467 — Descente de Croix, sur panneau, cadre bois sculpté, belle qualité, xviiᵉ siècle.

468 — Sainte Madeleine, cadre bois sculpté et doré, xviiᵉ siècle.

469 — Annonciation, cadre bois sculpté et doré, xviiᵉ siècle.

470 — Christ, cadre sculpté formant bénitier.

471 — Saint Marc, cadre sculpté, belle qualité.

472 — Paysage animé, cadre sculpté et ajouré.

473 — Sujet mythologique, cadre sculpté.

474 — Moine en prière, cadre sculpté et doré.

475 — Christ en croix.

476 — La Vierge et l'Enfant Jésus, cadre octogone.

477 — L'Adoration de la Vierge, cadre bois sculpté.

478 — Couronnement de la Vierge.

479 — Buste de jeune Fille, xviiᵉ siècle.

480 — Portrait Homme, cuirasse, collerette, cadre bois sculpté et doré.

481 — Saint Jean-Baptiste, cadre bois sculpté,
doré et ajouré.

481 *bis* — Environ quatre-vingts Tableaux de
toutes époques.

DESSINS ENCADRÉS

482 — Femme assise, signé Courtois, xviii⁰ siècle,
cadre sculpté.

483 — Dessin personnages et ornementation,
xviii⁰ siècle, cadre sculpté.

484 — Dessin en couleurs : Sainte Famille.

485 — Dessin à la sanguine : Tobie.

486 — Dessin sépia.

487 — Dessin sépia : Le Temps, cadre bois
sculpté et doré.

488 — Dessin : Faune endormi.

489 — Dessin : Hubert Robert, cadre ébène.

490 — Dessin octogone : Hyménée.

491 — Dessin : Vue de l'obélisque à Rome.

492 — Dessin en couleurs, petits personnages,
baguette sculptée.

493 — Dessin à la sanguine, cadre ébène, Christ
et ses apôtres.

494 — Dessin à la sanguine, cadre bois sculpté,
Intérieur de parc.

495 — Portrait de Jeune Fille, fusain.

496 — Sanguine, signé Berteaux.

497 — Paysage, mine de plomb, cadre ébène.

498 — Dessin à l'encre de Chine, attribué à Hilaire.

499 — Dessin, mine de plomb, Junon.

500 — Dessin, sépia, moulin et personnages.

501 — Dessin, sanguine, Courtois, 1791.

502 — Dessin, têtes au fusain, cadre bois sculpté, doré.

503 — Deux Dessins, cadres bois sculpté, dorés.

504 — Deux Dessins, cadres sculptés, dorés.

505 — Bouquet roses, cadre sculpté.

506 — Trois Dessins, cadres bois sculpté, dorés.

507 — Dessin, l'attaque, cadre doré.

508 — Deux Dessins fusain et Dessin, cadre bois sculpté.

509 — Dessin tête Jeune Femme, sanguine, Courtois.

510 — Deux Dessins: Temps et Amour, Bergère, cadres sculptés.

511 — Deux Dessins, Lesueur et Callot.

512 — Pastel Jeune Femme.

513 — Deux Dessins plume et deux crayons.

514 — Deux Cadres bois sculpté dorés.

515 — Deux Dessins cadres bois sculpté dorés.

516 — Deux Dessins Assomption et Dessin de Bologne, cadres sculptés.

517 — Deux Dessins Le Repos et Portrait de jeune femme fusain.

518 — Deux Dessins à la plume Saint Ignace et Éventail.

519 — Soixante Dessins environ dans leurs cadres.

520 — Petit Tableau, portrait de Femme Louis XIV.

521 — Petit Tableau, portrait de Jeune Fille, cadre sculpté, Louis XVI.

522 — Un lot Cartes géographiques.

523 — Un lot grandes Gravures.

524 — Un lot Feuilles Paravents chinois.

525-526 — Quarant-huit Dessins académiques non encadrés.

527-531 — Cent-vingt Dessins paysages.

532 — Vingt-quatre Dessins divers.

533-534 — Trente-six Dessins portraits Courtois.

535 — Dix-sept Dessins divers architecture.

536 — Quinze Dessins divers (à diviser).

537 — Un Carton architecture.

538 — Un Carton Gravures.

GRAVURES

539 — Atlas.

540 — Deux pièces Anatomie.

541 — Artillerie.

542 — Un Carton modèles d'écritures.

543 — Un Album, vues de Rome.

544 — Un Carton contenant environ cinq cents Gravures de toutes époques. *(Sera divisé.)*

545 — Un Carton Cartes géographiques, Plans.

546 — Un Carton contenant cent Gravures coloriées de toutes époques.

547 — Un Carton contenant trois cents Gravures, Ornements, Modèles de meubles.

548 — Trois Cartons, *Histoire Romaine*, par Pinelli, avec gravures.

549 — Un Carton contenant trois cents Gravures environ, diverses.

550 — Un Livre, ornements en couleurs.

551 — Un Album de cinquante gravures.

552 — Un Album ornements pointe sèche.

553 — Un Carton contenant cinquante Gravures environ. Reproduction des musées.

554 — Un Carton contenant cent cinquante Portraits environ.

555 — Un Carton contenant environ deux cents Gravures diverses.

556 — Un Carton contenant environ cinq cents Gravures et Eaux-Fortes.

557 — Un Carton contenant environ trois cents Gravures. École française. *(Sera divisé.)*

558 — Grand Album contenant environ six cents Gravures et Eaux-Fortes. *(Un seul lot)*

559 — Trophées des arts et faïences, environ quatre-vingts.

560 — Gravures antiquités romaines.

561 — Environ deux cents Gravures diverses.

562 — Environ cent cinquante Portraits en gravure.

563 — Environ deux cents Gravures. École française.

564 — Un lot de quinze Albums environ, gravures.

565 — Un lot Albums, Gravures et Cartes.

566 — Autographes.

LIVRES

ENVIRON 2.000 VOLUMES

567 — *Dictionnaire de la Bible*, Lyon (1643).

568 — *Capitulariæ*, deux volumes.

569 — *Théâtre Géographique universel*, deux volumes, Paris (1666).

570 — Dix lots de Gravures.

571 — Dix lots de Gravures.

572-592 — Vingt lots de Livres divers.

593 — Très beau Livre, armes de cardinal.

594 — Très beau Missel sur parchemin.

595 — Un lot Éventails.

596 — Bible (1537).

597 — Ouvrage sur l'orfèvrerie, avec gravures de Germain, deux volumes.

598 — Plusieurs Cadrans solaires.

599 — Un lot de Boutons, cuivre.

600 — Un lot de Boutons, peintures.

601 — Un lot Plaques, cuivre gravé.

IMPRIMERIE MAULDE et RENOU

MAULDE, DOUMENC & Cie

IMPRIMEURS DE LA COMPAGNIE DES COMMISSAIRES-PRISEURS

Rue de Rivoli, 144